UN BROTE DE PINO

Carolina Esses

UN BROTE
DE PINO

RENACIMIENTO
XXXVII PREMIO TIFLOS

Un jurado presidido por D. Andrés Ramos Vázquez, vicepresidido por D. Ángel Luis Gómez Blázquez y D.ª Imelda Fernández Rodríguez, y compuesto por D. Luis Mateo Díez Rodríguez, D. Ángel García López, D. Manuel Longares Alonso, D. Luis Alberto de Cuenca Prado, D.ª Fanny Rubio Gámez, D. Ángel Basanta Folgueira, D. Santos Sanz Villanueva, D. Ángel Luis Prieto de Paula, D.ª María Ángeles Pérez López, D.ª Care Santos Torres, D.ª Pilar Adón, D. José Ovejero Lafarga, D.ª Penélope Acero Cayuela, D. Joan Tarrida Planas, D.ª Christian Linares del Castillo-Valero y D. Francisco José Maldonado Aguilar, en su calidad de secretario del jurado, otorgó a la presente obra el

XXXVII PREMIO TIFLOS DE POESÍA

convocado por la

www.editorialrenacimiento.com

POLÍGONO NAVE EXPO, 17 • 41907 VALENCINA DE LA CONCEPCIÓN (SEVILLA)
tel.: (+34) 955998232 • editorial@editorialrenacimiento.com

Diseño de cubierta: Equipo Renacimiento

DEPÓSITO LEGAL: SE 1107-2024 • ISBN: 978-84-10148-43-7
Impreso en España • Printed in Spain

«Las palabras no nos reflejan como los espejos, así exactamente, pero quisiera».

José Watanabe

«¿Cómo es posible morir?».

Yves Bonnefoy

EN FB, en IG leo muchos poemas.
Dicen «llorar es», «escribir es»
«la poesía es».
Rompería la pantalla de un zapatazo.
¡Vamos! Nada es de una sola manera.
En la puerta del colegio de mis hijos
alguien afirma o pregunta
sos propensa al melodrama
si pudiera le arrancaría los ojos.
Pero no hago nada de todo esto
y mi mayor riesgo
es escribir este poema
sin metáforas, ni vuelo lírico
sin padre.

Llamé a mamá
lo hacía a cada rato
ahora que papá había muerto
pero también antes.
Cuando atendió dije
hola, hola
—el silencio,
un acantilado feroz
el vacío al que se abre una ventana—.
Pensé: me está diciendo algo que no llego a entender.
Pensé: sabe que soy yo, va a volver a llamar,
pero no lo hizo.

3

Como en aquel poema de Pavese
—el primo vestido de blanco, las colinas—
sentado sobre la cama
Manuel, el más chico
parece un gigante.
Lo visto, le ato los cordones
lo abrigo
da igual
el esfuerzo está ahí
se toca, se palpa: cincuenta páginas
que me falta leer, una reseña que no logro escribir
los platos, la comida de mañana, una interminable
lista de pendientes, la constante sensación
de no dar con la metáfora
de no encontrar el tono.

Mi marido no estuvo cuando murió mamá
se quedó en Chicago
tuve que subirme a un avión con mis hijas,
yo también estuve sola.
Mi amiga lo dice así en un audio
o lo dice al revés: empieza con *yo también estuve sola*
y después agrega la muerte de la madre
el avión y las hijas. Tampoco estoy segura
si dice *tuve* que subirme a un avión
si pone el acento ahí.
El resto es otra vez el silencio
interrumpido por la palabra *nada*
nada, eso, nada.

Cada día que pasé sola con ellos
los alimenté, los vestí
pero, en realidad
caminaba por una cuerda floja.
Mientras me movía por la casa
—hábil trapecista
que cae
solo para comprobar
la resistencia de la red—
otra versión de mí
hacía de cada gesto su contrario.
Si yo cocinaba
ella metía los dedos en el amasijo de salsa
escupía, chorreaba,
si yo respondía
ella desoía, insultaba;
nos movíamos juntas
al mismo tiempo,
una lo intentaba
la otra, no.

POR salir de Bogotá, ya en Lima,
ahora por embarcar hacia CDMX
escribe el hombre que vive conmigo
y así.
Sus palabras llegan desde un universo paralelo
al que hay que responder
con frases del tipo *bien, te extraño,*
¿cómo te fue?, etc.
Un día le escribí un whatsapp,
parecía un poema.
Podría transcribirlo
pero se repetía demasiado
el infinitivo *ar,* y la frase
la falta de papá
era y sigue siendo cacofónica.

7

POSTERGARÍA todo
salvo estos poemas.

Leyó toda la historia clínica
sabe cuánta morfina le dieron
en qué momento fallaron los riñones
conoce el nombre de los medicamentos
que le inyectaron en el suero.
Atardece sobre el centro de la mesa
la luz de una lámpara
deforma nuestras sombras,
ella despliega informes, estudios
compara fechas, resultados.
Le aconsejo no hacerlo
para qué, le digo
pero después me acuerdo,
Joan Didion hacía lo mismo.
Ah, la falsa certeza de los nombres
de la letra,
escribir sabiendo que vamos a fracasar
dirá, más adelante, la poeta.

Papá anotaba los gastos del día
como quien escribe
pagar almacén o *ir al dentista,*
lo hacía en papeles sueltos,
números pequeños
delgados como arañas
que después pasaba a una agenda.
El trazo es ligero, ágil
apenas alza la lapicera de la hoja.
Toda su vida escribió este diario íntimo
compuesto por cifras innecesarias. Una vez
yo tendría quince, dieciséis
o quizás más
quizás veinte
trabajaba en una oficina
colaboraba con la economía de la casa,
entró a mi cuarto
me preguntó qué eran esos papeles
¿qué vas a hacer con esos papeles?
Parecían las plumas de un pájaro muerto
—¿había estado toda la tarde descuartizando

palomas, sacándoles la piel
desplegando
ese abanico sobre alfombra, cama, cajones?—
eran poemas, fragmentos,
como los números
que él anotó
hasta el 20 de agosto.
Creíamos en un lenguaje
cifrado, abstracto. Ahora
¿qué voy a hacer con estos papeles?

CAMINO por Charcas
llevo a cuestas la responsabilidad
del almuerzo de mis hijos.
Fiambre para mañana
y pan.
Sobre mí se edificó una casa
que no puedo sostener.

Volvió una madrugada.
Traía una valija pequeña
que apoyó contra la pared.
Habían sido solo doce días
pero parecían años.
Caminamos en silencio
por el pasillo oscuro.
Lento, algo empezó a ceder.
Dejé que me tapara si hacía frío
sonreí
sin pensar demasiado en lo que decía
o no decía,
volvíamos
a algún punto previo de nuestra historia
más antiguo,
como esos animales
que nadan o se arrastran
por el fondo pulido de los lagos.

12

a Irene Gruss

Vos ya no sos la misma
la de las ramitas
el lago, las montañas
me dijo Irene.
Tenía razón, pero en aquel momento
no pude seguir.
Busqué en los paseos con los chicos
en la plaza, en alguna escena de amor
pero caía, siempre
en las mismas imágenes
volvía a ser
alguien que ya no era.
Ahora, por primera vez
en lugar de corregir,
escribo.

CONTRA las hojas del gomero
se recorta el cielo blanco.
Mi madre me escribe
dice que todavía no se levantó.
No te preocupes, estoy bien.
Nuestros intercambios son breves
falta la insistencia de papá, el rumor del agua
en cascada desde la ducha, la puerta abierta.
Contra el cielo blanco
se recortan las hojas del gomero
unas sobre otras
verde oscuro, verde claro, azul
dibujan los matices de este invierno.

Necesito estos poemas.
Por eso vine corriendo a la computadora
para escribir *necesito;*
entiendo que de tal punto de partida
nacen pésimos libros,
aun así me arrojo
como quien se entrega a una religión
en la que apenas cree.

¿En qué momento
dejé de buscar
el silencio? ¿Cuándo
empecé a ahogarme
en el sonido de las cosas quietas?

16

Somos doce
alrededor de una mesa.
La poeta dice
todo lo que escribo sucede
y agrega
lo importante es creer
que estamos en construcción
empezar a escribir sabiendo
que vamos a fracasar.
Del otro lado de la ventana
las hojas se mueven
pesadas
sobre la opacidad del cielo,
ya casi empieza la primavera.
Todo lo que escribo sucede
repite y
la poesía va a contracorriente del habla.
¿Qué voy a hacer
cuando se acaben
estos poemas?

QUEDAMOS en encontrarnos
a las 11 a tomar un café.
Mamá tiene que salir de la cama
desayunar
vestirse, abrir la puerta
caminar hasta la confitería,
todo sin él.

Sara Gallardo mentía,
inventaba algún viaje
pero se iba a escribir
a un departamento secreto.
Hago cuentas.
Imagino Colonia, San Pedro
Mar del Plata.

Hay tres libros abiertos
la poeta lee
dice
en los versos aparecen intenciones
que una ignora
o: *aquí se plantea el poema*
como una forma vital que resiste a la nada.

20

PAPÁ empezó a morir
el miércoles 21 de agosto.
Me pidió una frazada.
Tenía las piernas flacas, los pies fríos.
Sonrió y me dijo
qué le vas a hacer
y: *cuidame como si fuese tu hijo.*

Leía mis libros
llamaba y me repetía alguna frase.
También solía preguntar, *¿cómo va la novela?*
Se refería, claro, a las ventas.
Varias veces me pidió algunas para llevar al Once.
Se las daba de mala gana.
Iba a librerías y compraba ejemplares
que le regalaba a uno, a otro.
Yo insistía: *¿Te parece que la van a leer?*
Pero por favor, decía riéndose
qué importa si la leen.

No puedo despegarme
de estos poemas.
Entonces, todo sucede dos veces.

MI papá murió hace unos años
dice la poeta. Y después:
cuando mi papá ingresó a la muerte
me salvó la poesía.
No se lo cuento —en unos minutos
vamos a estar sentadas alrededor de una mesa
hablando solo de palabras—
pero yo vi a papá entrar en la muerte.
El 24 de agosto, a la mañana
me acosté un rato, cerré los ojos
y lo vi: uno entre muchos
que esperaban en fila.
No había luz blanca al final,
no había túnel,
caminaba detrás de otros
en silencio.
Entendí que era un tránsito
no el estado definitivo
la paz o la nada que iba a tener
a partir de ese momento.
Me repito la anécdota
como si se tratara del avistaje de un ovni
o de una sesión exitosa de espiritismo.

Hacer de lo personal ritmo
poema.

EL hombre con el que comparto
casa, hijos, en fin
la vida,
habla de un viaje a Paraguay.
Es sólo un día y pregunta si conviene
miércoles o jueves; viernes no
el pasaje sale el doble.
También tiene que ir a Orlando
y quizás lo empalme con México.
Son viajes de mucho trabajo. No hay tiempo
para tomar un trago en una barra o
tener una aventura con alguna mujer de negocios.
Le creo. Ya lo dije: tampoco tengo tiempo
entre la biblioteca, los chicos, los talleres.
Entonces le cuento mis planes.
Israel: el mar
de Galilea, el desierto de Neguev.

Había pasado todo el viernes en el sanatorio
salvo cuando fui a buscar a mis hijos
y después, en casa
esperando que llegara él
saqué una pechuga
la corté
y comieron como cachorros, todos del mismo plato.
No me importó que se quedaran con hambre
que no sobrara nada.
Entre las 20 y las 21.30 escribí varias veces
¿estás llegando?
En un momento, como si fuésemos novios
la cama revuelta
las sábanas enroscadas alrededor del pecho
dije: *creo que voy a ir yendo*
pero no terminaba de irme ni él de llegar.
Volví al lado de papá y estuve hasta las 23.20
porque 23.30 tenía que buscar a Lucio
en una fiesta de disfraces —la avenida
era una boca de lobo, lo agarré de la mano
me comentó lo distinta que estaba una de las chicas

vestida de diabla
la pollera corta, la musculosa apretada
el tridente—.
Cuando llegamos a casa
él apareció por el pasillo
tenía puesta una remera, un jean
como si estuviese a punto de irse.
Preguntó cómo había estado todo.
Le hablaba a Lucio
pero un poco, pensé
también a mí;
no supe qué responder.
Después sonó el teléfono.
Era la segunda vez
que me llamaban de madrugada
en los últimos 4 días.
Se fue papá, dijo mi hermano.
Me vestí. Salí a la calle.
No era Neguev,
pero la avenida parecía un desierto
luces verdes, rojas
sobre un paisaje lunar.

Vos que sos poeta vas a entender
dice Mateo
y pone un trap.
La velocidad de las palabras me abruma.
En otro momento podría intentarlo, hijo
descifrar
éste o cualquier otro enigma.

Podría haber escrito algo en prosa
pero el corte de verso
el relampagueo de la imagen
la sucesión de escenas.
Vuelvo: el ritmo
¡ay, el ritmo!

Leo los cuentos de Lucia Berlin.
En algunos es puro vuelo
pero en muchos se trata del registro
la palabra escrita para exorcizar el alcohol o la muerte.
En youtube tiene una voz dulce y apacible
lejana a su literatura
cuando escribe, por ejemplo
yo no tengo compasión.
Le regalaría este libro a mamá
pero no estoy segura,
¿la descripción del dolor
mitiga el dolor?

Insisto, puedo acompañarlo a CDMX
a Orlando. Me mira
como si yo no terminara de entender.
Somos esclavos del capitalismo, es cierto
pero igual;
hoy me escribe camino a Temuco
la foto del avión muestra la cordillera nevada.

MANDAN un mail desde el colegio
el lunes Manuel actúa de Buen Pastor
tiene que ir con la túnica
llevar un palo
como si caminara entre piedras.
Pienso en el pastor
el cordero, la cruz, todo el relato.
Una amiga me dice *estoy convencida:*
las religiones se inventaron solo
para darle sentido a la muerte.
Tenemos 45, 46
¿y recién despertamos a la muerte?
Yo soy el Camino, la Verdad y la Vida
quien crea en mí no morirá jamás.
Siempre me gustó el Evangelio de San Juan
pero sólo ahora lo entiendo, la matriz
el nudo del asunto.
El martes se cumple un mes
y mi hijo no quiere ser el Buen Pastor
no tiene dudas: prefiere ser oveja
no llevar rama ni túnica.

¿Quién va a hacer de Buen Pastor?
le pregunto mientras lo visto,
¿quién va a guiar a esas ovejas?

Yo también viajo pegada a la ventanilla: estoy
por escribirle al agregado cultural de Israel.
Tengo una novela, voy a decirle
sobre el judaísmo,
es más, parece que un italiano
habló sobre ella
en el último Congreso de Hispanistas en Jerusalén.
Podría agregar: *necesito viajar a Israel*
ahora que papá murió.
Pero me demoro en estos poemas.

Fui a buscar el certificado de defunción.
Dice palabras que no quiero transcribir
sería demasiado,
no puedo ser tan literal, traicionar
de un día para el otro
todos mis principios poéticos.
El empleado ofreció también
algo más
un recuerdo del ser querido.
Era evidente: ese brote de pino
jamás iba a sobrevivir en una maceta.
Entiendo la metáfora
pero la verdad, quién
se aferraría a esa ramita clavada en la tierra.
Imaginé los días de riego
la culpa frente a cada olvido
la rama seca
devorada por hormigas.

CELEBRAMOS Rosh Hashanah.
Jamás antes lo habíamos hecho.
Pero hoy, que papá no está
traemos una manzana cortada en cuatro
un bol con miel
y decimos las bendiciones.
Santiago, mis tres hijos
mamá. Mojamos la manzana
en miel y la casa
se vuelve luminosa.

Todo se pone en movimiento
es un poema por día
a veces dos
como si por fin supiera qué hacer
qué escribir, incluso
qué respuesta dar.
Le digo a mi hermano
todos los días papá me manda una buena noticia.
Es infantil, ya sé
—ingresó a la muerte, había dicho la poeta—
pero, ay, quizás a partir de ahora
se pueda tener ilusión
fe.
Nos reímos y cuando cortamos me quedo pensando
si la opresión en el pecho
el hachazo
no será también
el abismo que se abre
cuando arrecia la buena suerte
—¿qué vas a hacer con estos papeles?
papá apoyado en el marco de la puerta

el negocio perdido, los 90
destruyéndolo todo–
cuando es un poema por día
como quien abre una ventana de par en par
para dejar entrar de una buena vez
el aire fresco.

Fᴜᴇ a buscar el muñón de pino.
Lo puso en el balcón, con los malvones.
No te preocupes si se muere
le digo. Sonríe:
no te preocupes vos
si se muere me dan otro.
La imagino cambiando un pino muerto por uno vivo
en un loop infinito.

Ahora me dice
que no va a estar
el sábado 2 de noviembre.
Hay que ver
cómo llevar a Lucio que rinde un examen
quién acerca a los otros dos
al torneo de fútbol;
quedamos mudos
en cada extremo de la cocina.
Somos el lugar común de la clase media.

38

Tengo una novela casi terminada
sobre la mesa del comedor.
Qué vas a hacer, una buena idea puede no funcionar
narrativamente, le digo a una amiga.
Miramos el cuadernillo, las 150 páginas
como si midiéramos el tiempo.
Escribir, coincidimos, no puede ser tan terrible.
El problema es que no tengo otra historia,
salvo estos poemas que escribo sin ninguna pretensión,
dejame que te lea uno
es sobre Chicago
cuando murió tu mamá y viajaste sola.
Su hija mira una película en la tablet
los míos juegan no sé muy bien a qué.
La literatura, coincidimos
es lo contrario a la solemnidad.

No es fácil estar
en el escenario del dolor.
Traemos facturas, masitas secas
vamos y venimos
incómodos.
Mamá parece una niña
en la casa de siempre.
No sabemos bien qué decir
qué hacer
así que todos los comentarios
suenan pobres, inadecuados
y cuando alguno de los chicos
hace una gracia
nos reímos a carcajadas
como si se tratara de una genialidad.
Después de un rato nos vamos
y seguimos la visita por teléfono,
el silencio es todavía más triste
pero la distancia nos coloca a salvo
o al menos eso creemos.

EL día del entierro
había un sol inmenso,
ahora, octubre
es todo lluvia y frío.
Salgamos, pienso
mientras hablo con mi madre
si la rama, igual
está plagada de brotes
el geranio estalla.
El tema es el cielo tan pálido
las gotas heladas que adornan los toldos.
Vayamos a ver el tallo engordado de savia
quisiera decirle, dejemos el invierno atrás.
Pero no quiere salir
está en la cama y observa la claridad
filtrarse a través de las cortinas
se prepara algo caliente,
vive
la retórica de la pena.

41

Uɴ instante antes de quedarse dormido
debajo de la máscara de oxígeno
me vio.
Fue como decir *otra vez acá* o *a vos te parece*
una carcajada limpia, muy de él.
Eran las 11 de la mañana del 22 de agosto.

Les digo a mis amigas, esas
que solo creen en la voluntad del hombre
y sus circunstancias:
mi padre, desde el más allá
me manda señales.
Les cuento también
que peregriné 30 kilómetros con Lucio
para ver a la Virgen,
hablo de Ion Kippur, Rosh Hashanah
estoy al borde de ser religiosa
y nos reímos.
Pienso en papá lleno de vida.
Sin embargo, las dos veces que lo vi en sueños
no hablaba
se movía con la lógica de la no vida
—el día que mi papá ingresó a la muerte—.

43

Unas veinte, veinticinco personas
esperan conmigo
en el área de Salud Mental del Rivadavia.
Podríamos pasar todo el día juntos.
La mujer que transpira
el que habla por celular
la que lee en voz alta
todos los demás.
Formamos parte de una comunidad que quiere
    estar mejor,
la acabamos de armar, ahora
hace un momento;
abajo, en los patios del hospital
las plantas crecen en racimo
las hiedras serpentean alrededor
de los árboles, desbordan
los canteros.

Todo es triste después
de un primer momento de epifanía.
Soy una cabra dando vueltas
por un monte
raído y solitario. Escucho las voces
de mis hijos, sé que están ahí
en algún recóndito lugar de la casa
pero no puedo alcanzarlos.

REVIVIÓ el jazmín
no el de las hojas pequeñas
sino el otro
ese que jamás prendió
se fue secando
desde el primer día
soberbio incluso en su aceptación
del palo seco que tenía por tallo.
En aquel momento
pensé en cambiarlo por una Santa Rita
—no soy gran conocedora
de botánica—
fucsia, morada.
Decía *son difíciles los jazmines, ¿no?*
imaginaba azaleas gigantescas
estaba dispuesta, incluso
al sacrificio de no tener flor
salvo durante esa breve temporada
—insisto, apenas estoy aprendiendo—
pero bastó con ignorar al jazmín
para que la primavera hiciera lo suyo
y del palo muerto surgieron brotes.

46

DESDE la colina
el paisaje del club
parece un cuadro de Manet.
Todo está quieto
salvo las pinceladas de amarillo sobre el verde
donde algunos acomodan mantel, reposeras.
Nuestra charla es lo único que se mueve
mientras miramos a los demás
como si pudiéramos establecer sobre ellos un veredicto
una sentencia.
Los conocemos desde hace años,
vemos el recambio
los padres jóvenes, progresistas, mansos.
Nos demoramos en esa elevación del terreno
que con generosidad llamamos la colina
sabemos que es apenas la lomita
que divide la zona de picnic
de las canchas de fútbol.
Aun así sentimos que la escena
muestra algo de lo que somos o fuimos.

47

La luz atraviesa las ramas
salpica de sombra el papel
que apoyamos sobre el pasto.
Alrededor otros juegan a la pelota
dan vueltas a una pista de atletismo.
Un mes antes de que muriera papá
empecé un taller de acuarela.
Hacía años que quería volver a pintar.
En la adolescencia jamás tuve un tema propio.
Copiaba, eso sí
jarros con flores, vasijas,
la escena que se veía
desde la ventana.
Nunca pude abandonar
eso que llaman
el modelo.
Tampoco quiero, ahora
hacer como mi abuela
que trabajaba la mancha
para encontrar ojos, manos, personajes
ahí donde no había nada.

Entonces cargo apenas el pincel
—mírenla, le dice Mateo a los que pasan
es toda una artista— de agua verde, azul
y persigo lo imposible
captar la sombra de las cosas,
lo que persiste en ausencia.

Eʟ mecanismo del recuerdo
debe ser la capacidad de volver a vivir.
Si estuve ahí
tengo que poder estar otra vez.
Del repertorio de imágenes elijo:
papá empuja la bicicleta roja, nueva
por la calle de tierra o
nos metemos en el mar
ahí donde brazos de agua
hunden y levantan,
estuve ahí
el tiempo transcurrió
lento como ahora
nos bañaron una, dos, tres
olas, la sal nos lamió el cuerpo,
estuvimos ahí
fuimos esos,
basta recordar entonces
buscar el detalle
para volver.
De pronto la idea es una iluminación

un hallazgo inesperado.
Se lo cuento a mi marido debajo de las sábanas
como si fuésemos niños de campamento.
Lo escribió Proust, me dice casi en un susurro,
y yo pienso, sí claro
es eso,
pero no exactamente.

49

Pɪɴᴛᴏ a la tarde cuando vuelvo del trabajo
llevo conmigo siempre una libreta de papel fabriano.
En el club pregunto si han invertido en plantas nuevas
pienso en formas
líneas espigadas.
Pintar se vuelve lo opuesto a escribir.

Lejos de la cueva blanca
del drive en el que escribo
las palabras
vuelven a ser de plomo y me hunden.
No debería haber impreso estos poemas.

Estoy en la otra punta
de la casa.
Nadie puede alcanzarme.
Tomo aire en el balcón
soy la buceadora
que sale a la superficie.

La tristeza se derrama
como una mancha de petróleo.
Nos sumergimos ahí
donde no hay nada más.
Somos los que resisten
en el recuerdo,
pero no somos
los guardianes del recuerdo.

Sigo la sombra que proyectan ramitas
sobre la hoja blanca,
el viento las mueve
y hace variar
el neutro, que va del gris al azul
a un tierra opaco, así que vuelvo a mojar el pincel
dibujo
la forma de lo que solo es
en relación al sol.
En el banco de enfrente mis hijos
comen hamburguesas, me saludan
desde un país extranjero.
Hace unos días le escribí a mi hermano mayor.
Quería saber cómo estabas, le dije
imagino cómo lo extrañarás
y cosas así, habituales para muchos
pero entre nosotros
que rara vez hablamos
cada palabra tenía el peso de una roca.
Eran las cinco de la tarde
había quedado en encontrarme con mamá en su casa

pero ella no estaba,
mi llave no logró abrir
y estuve dando vueltas un rato largo.
Es raro, respondió, *como un vacío*
el revés de lo que provocan los hijos.
Levanto la vista, los míos ya se fueron,
ocupan el banco otros, iguales o parecidos a ellos.
Vuelvo a la hoja, a la circulación
del color, parecen venas, no ramas
y el resultado final
una intrincada red de color indefinido.
¿Cómo recordaré estos días, el cielo
que se abre hacia el vacío celeste?

54

Pasamos tres días sin hablarnos.
Él puede ser cruel. Pero también yo.
Sin embargo dice: *la crueldad es otra cosa.*
Tal vez,
entonces ¿de qué se trata esto?
A veces, cuando cruzo una calle
o manejo con el auto cargado de niños
digo: murió papá
después me distraigo
vuelvo a pensar en el silencio
o en las formas
que puede asumir la crueldad.

APOYO el pincel sobre el agua.
Dejo que el azar
haga lo que no hace
la literatura.

¿Y los que dijeron
después de escucharme leer
ahora salgamos de la melancolía?
Miraba las estrellas, buscándolo
me disculpé, dije
nunca hago esto
pero quiero dedicarle estos poemas.
Empecé con lo único que tenía
versos sobre el invierno
el mallín, las bandurrias
un camino
en fin
todo eso
de lo que ya no escribo.

Sube el río y baña
el año que recién empieza.
Miramos el agua
entre juncos y un sauce
que quedó casi sumergido.
Dormimos en las reposeras del hotel.
Colonia siempre me pareció un destino triste.
Una y otra vez caminamos
por el filo de lo que se termina: es febrero
las hojas secas se amontonan lado a lado de
la calle empedrada.
Parece que pasaron varias vidas
pero no, es sólo una
y al menor soplo
también, se desvanece.

PUEDO verlos
sentados a la mesa de un bar.
Acabo de morir
están solos y me recuerdan.
Revuelven el café como nosotros, ahora
meses después de la muerte de papá,
comen pan fresco
toman un jugo demasiado dulce.
La charla es pausada
se miran
esperan algo
pero no saben qué.
Alguno habla de Miramar
dice: *el centro parecía desolado*
¿por qué había tan poca gente esa noche?
comíamos en una mesa en la vereda
la tristeza se palpaba en el aire. No sé
cuál de mis hijos dice una frase
cuál la otra. Solo que después
se quedan callados
toman sus cafés

alguno se despide porque siente la falta,
porque la falta es un hachazo en medio del pecho
huye del abrazo,
sale
al calor de la mañana.

Estos poemas se escribieron entre agosto de 2019 y febrero de 2020, a modo de registro, casi de diario íntimo. Durante esos meses programé un ciclo en la Biblioteca Parque de la Estación, en Buenos Aires. Vinieron como invitados una poeta y un poeta muy queridos: Andi Nachon y Carlos Battilana. Muchas de las afirmaciones que dice «la poeta» reelabora palabras, observaciones de ellos a quienes les debo un agradecimiento muy especial. También a mi querida Ana Laferranderie que leyó una primera versión del libro. A Gabo Moreno que también leyó y se entusiasmó, y a Mercedes Araujo, no solo por su lectura, sino por las charlas que compartimos en ese tiempo.

Todo mi agradecimiento a la ONCE por el Premio Tiflos y a la editorial Renacimiento por la posibilidad de que mis poemas lleguen a lectores y lectoras en España.

ÍNDICE

Un brote de pino,
de CAROLINA ESSES,
XXXVII Premio Tiflos de Poesía,
salió de la imprenta el
17 de abril de
2024